ますだ まさよし 著

あかり

心に灯《あか》りを灯《とも》そう

推薦文

村上　和雄（筑波大学名誉教授）

今回、増田正義氏が第六作「あかり」を出版されることになりました。今回の作品は、第一作「ほっ」の続編ともいうべきものです。「ほっ」を手にした多くの人たちから「短編で分かりやすい。こんな体裁の次作が欲しい」との要請があり出版の運びとなったそうです。

ところで、わたしが代表を務めている「心と遺伝子研究会では、次のようなことが分かりました。人や動物は仲間と遊びを通して社会性を発達させて、仲間との関係性を築く能力を培っていきます。そうした仲間との遊びを通した刺激は社会性だけでなく、脳の発達にも大きく関わっていることが分かってきました。

子ネズミは仲間と遊ぶときなど、ポジティブな状態にあると、人には聞こえない五〇キロヘルツの超音波の鳴き声を出します。このネズミの五〇キロヘルツの鳴き声は、人の笑い声の原型ではないかとサイエンス誌で紹介されています。これまでのわたしたちの研究で、ネズミを遊ばせるとこの五〇キロヘルツの笑い声を出すのと同時に、脳内で幸福感やうれしいという感情を引き起こすドーパミンという神経伝達物質を分泌させるということを証明しました。ネズミのモデルを使うことで、遊びが直接脳内の神経細胞に影響を与えていることが分かったのです。この分泌されるドーパミンは、やる気や意欲にかかわるなど大事な役割を担っています。

増田氏の話の内容は、この幸福感やうれしいという感情を引き起こすドーパミンという神経伝達物質を分泌させる力があるように思います。今回の作品「あかり」からも、多くのことを学び大いに参考になりました。

前回までに出版された五冊の本同様、本書「あかり」も多くの人々に読んで頂くよう、自信を持って推薦いたします。

目次

表紙絵　増田　正一
カット　鈴木総一郎

集まる

物や人はどんなところに集まるのだろう。

高いところから低いところに物が集まるように、人も心の低い人のところに集まるように思う。

心の低い人とは、自分のことを後回しにして、常に人のことを優先して考えられる人のことをいうのだと思う。

そんな人と一緒に居ると心地よく、心安らぐ。

だから、そんな人の周りには人が集まるのだろう。

関心

グルメな人やおしゃれな人は、街を歩いていても、自然と料理関係やファッション関係の店や雑誌が目に飛び込んでくる。

それは好きなことや興味のあることは、心のどこかで意識しているから見えるのである。

言い換えれば、意識をすれば今まで見えなかったことや物が、見えてくるということになる。

そうであるならば、今からでも遅くはない。「優しさや喜びを探す」ということを意識してみてはどうだろう。今まで気付かなかった、自分の周りの「優しさや喜び」に気付け、きっと幸せな気分になれると思う。

価値

言っていることと、やっていることが違う人が居たら、その人の価値はその行動にあると思って間違いない。

いくら立派なことを言っても、行動に表せないということは、その言葉は、単なる願望に過ぎないからである。もし、その言葉に価値があるのなら、行動に表れるはずである。

立派なことを言うのが悪いのではなく、その立派な言葉を行動に表せないことが残念。

その言葉を願望に終わらせるのか、価値あるものにするのかは、自分自身の行動で決まる。

ある心理学者が、価値観の定義付けをしていたので、それをヒントに作ってみました。実際に自分の周りの人たちの中に「本当にこの人の価値はどこにあるのだろう」と首をかしげたくなる人が多く居ます。

丸ごと

世の中は親切になった。必要な物を必要な分だけ切り売りをしてくれる。

こんな世の中で暮らしていると、本来の姿を知らずに過ごしている人も少なくない。

例えば「魚」。食べやすいように切り身にして売っている。しかし、魚は切り身では存在しない。食べられない骨も内臓も鱗もあって魚が存在するのである。

我々は親切な世の中で暮らすことに慣れてしまって、自分に都合の良いことだけ受け入れ、都合の悪いものは切り捨てるような生き方をしてはいないだろうか。そんな食べ方、付き合い方をするから不足するのだ。

どんな物や人にも、良いところもあれば悪いところもある。それを承知で丸ごと受け入れて付き合うところに、本当の味わいというものがあるのだと思う。

最近の人たちの人間関係が、一人ひとりの好きなところとだけ付き合っているような付き合い方をしているように感じて、寂しく感じることがよくあります。

期待

人から期待されるということは、うれしい反面、ときとして疲れるものだ。

しかし、期待されるということは、人から頼りにされているという証しでもある。

期待されているときに、力を発揮してこそ価値ではないだろうか。

例え、自分が疲れていても、頼まれたときが旬。頼まれたときが徳積みの、心の成人の旬。

自分の都合で、頑張りたいときに、いくら頑張っても、旬をはずせば役に立たない。

人から期待されているうちが華。人からものを頼まれているうちが華。忙しい日々を喜ぼう。

偽り

人の為と書いて「偽り」と読む。

人のためにすることは偽りになるのだろうか。悪いことなのだろうか。

考えてみれば、人のために何かの行動を起こすとき、わたしたちは無意識に人の評価を気にしているように思う。

しかし仮に、人に評価を求める行為が「偽り」であったとしても、その行為を相手が喜ぶまで続ければ、それは「真実」になるのではないだろうか。

そう考えると「偽り」を恥じることはない。人のためにする行為は、いつも「偽り」から始まり、その行為を続けることで「真実」に変わっていくのだから。

人のために進んで偽ろう。そしていつの日か、その「偽り」が「真実」に成るまで頑張ってみよう。

以前「優しい」という字からの思案を話したことがありますが、ある学生がそのことを覚えていて、この「偽り」という字はどう思案するのですか、と尋ねてきてくれたときに考えた話です。

上手

上の手と書いて「じょうず」と読み、下の手と書いて「へた」と読む。

どんな生き方が上手で、どんな生き方が下手なのだろう。

手のひらを上に向けると、物が手に入り、下に向けると物が落ちて離れていく。

手を上げる行為は、万歳といって喜びの表現に使われ、戦争では、降参を意味し、戦う意思のないことを知らせる。

上手な生き方とは、相手の長所を見つけ、その存在を認

め、常に一歩下がって、どんなときも感謝してお礼が言える
生き方ではないだろうか。

生活

生活とは、生み活かすと書く。何を生み活かすのか。それは幸せになるために必要なものを、生み活かすのである。

生活に必要な知識や技術を身に付けることが「生」で、それを使うことが「活」である。その知識や技術は持っているだけでは意味がなく、幸せになるために使ってこそ意味がある。

その知識や技術を人の幸せのために使えれば、なお結構である。
こんな生活こそが、私たちが求めている陽気ぐらし世界ではないだろうか。

儲ける

信じる者と書いて「儲ける」と読む。

「儲ける」とは利益を得ることをいう。

一般に「儲ける」という言葉の持つイメージは余り良くない。それはその陰で損をして悲しんでいる人の存在を感じるからである。

しかし、確かに信じる者と書いて「儲ける」と読む。

そこで、わたしは何を得るかが問題なのではないかと思った。

そして、信じる者が得られるのは、幸せではないかと思ったのである。「信じる者こそ救われる」と誰かが言った。神様を信じ、人を信じて幸せを「儲ける」のである。

学生からの「信じる者と書いて儲けると読むのは、先生はどう思われますか」という質問に答えたものです。

迷い

明らかにどちらかが悪いと判断できるときは、迷わないが、自分に都合の良いことと、相手にとって都合の良いことが重なり、しかも、どちらを選んでも間違いと言い切れないときに、迷いは生じるのだと思う。

そんなとき、最良の方法がある。それは、自分に都合の悪い方を選ぶことである。

自分に都合の悪い方を選べば、自分さえ我慢すれば済むことである。

我慢すれば自分の心に力が付き、しかも、相手を喜ばせることができる。一石二鳥である。

財産

人が財産である。
目の前の物や金が手に入っても、人から見放された人生は寂しいものだ。
自分が得をすれば、どこかで誰かが泣いているかも知れない。
自分が損をすれば、どこかで誰かが喜んでくれているかも知れない。
物や金を手に入れて、人の心を失うか、物や金を人のために手放して、人の心を手に入れるか。
両方とも手に入れたいのはやまやまだが難しい。

必要

日常生活の中で出会う出来事や、人に対しての必要、不必要の判断は間違っていないだろうか。

試合に勝つための努力や、試験に合格するための勉強は必要なことである。しかし、直接結果につながらない日常生活の出来事や、人に対する必要不必要の判断は曖昧なことが多い。

誰しも苦手なことや、苦手な人は避けて通りたいものだ。

しかし、この苦手なことや苦手な人の認識は、同時にそのことや人が、自分の弱点であることとの確認でもある。

この苦手なことや人こそが、自分の弱点を強化してくれる最強の道具である。

今まで自分の好き嫌いで不必要だと思っていたことを、今一度見直してみる価値はありそうだ。


これは「気胸」（肺に穴が開く）で手術をした若者と思案した話です。肺の機能は体内に必要な酸素を取り入れ、体内で発生した不必要な二酸化炭素を体外へ放出する役割をします。そこから「日々の生活の中で、必要不必要の判断は正しかったのだろうか」という思案でした。

修復

誰しも衝突は避けたいものである。しかし、骨折した骨がつながったとき、その部分が強化される。また、折れた枝がつながったとき、そこがコブになって強くなる。

そう考えると、一概に衝突が悪いとは言い切れないような気もする。

悪いのは、衝突ではなくて、その衝突で生じた傷を修復しようとしないことではないだろうか。

もつれた人間関係を修復しようとする行為には、相手の長所を探り、自分の短所を認める作業が必要である。
その修復する作業こそ、己の人格を向上させ、先々で人や物に恵まれた人生、運命を強化させる種になっていくのだと思う。

最近の若者たちの中に、喧嘩はするけど、仲直りをしようとしない人が多いように思います。成り行きに任せて、まるで人ごとのようです。そこで仲直りをする努力をして欲しいと思いました。

基準

より良い生活を築くためや、己の成人を目指すための目標は高い方が良いと思うが、結果の基準は低い方が良いようである。

我々は、思うような結果が得られなかったら、ついその原因を周りの環境や人のせいにしてしまうことがある。

同じ結果でも、いつも都合の良いことばかりを求めている人にとっては不満であり、予想通りだと感じた人にとっては当たり前。

そして、良い結果を出すための努力はしても、結果を求めない人は、いつも結果を喜びに感じることができるのだと思う。

力

人は皆一様に、多少の差はあっても、身体にも心にも力を持っている。

その力は無いより有った方が良いだろう。そして、自分の持っている力で、欲しいものが手に入ったり、難問が解決したときは快感である。

しかし、その快感が我々の求めている真の幸せの姿なのだろうか。

もし、自分の持っている力の一部を使って、人を喜ばせることができたとしたら、自分の中の喜びは少し広がるだろう。更に、自分の力の半分を人のために使えたら、その喜びはもっと広がるだろう。

そして、自分の力のほとんどを人のために使えて、人の喜びが我が喜びに感じれるようになったら最高である。

そういう人のことは、周りの人が守ってくれ、多くの人の真実に支えられ、きっと幸せな生き方ができるだろう。これこそが真の幸せな姿ではないだろうか。

情報

より良い生活を築くための情報。知識を豊かにするための情報。世の中にはいろんな情報があふれている。

しかし果たしてこれらの情報が、わたしたちに幸せをもたらしてくれるのだろうか。

考えてみると、生きているということは、絶えず動いている訳で、反面、情報は過去の経験から得たもので、決して動いてはいない。

実際、目の前で起こっていることに対しても、情報は解決の糸口になっても、決して解決してくれることはない。

確かに、情報を持っていることは素晴らしいことである。

しかし、その情報に頼りすぎると、幸せの糸口を見失うこともあるから気を付けたいものである。

トラブルや病気に出会ったとき、大切なことは情報に頼るのでなく、その原因ともいえる心の使い方を反省することだ。

悟り

悟るためには、諭して貰わねばならない。

諭すのは他人で、悟るのは自分である。

不慮の事故や病気など、不測の事態が生じたとき、人は苦しみ悩む。

そんなとき、多くの人が慰めの言葉をかけ、また苦しみを忘れさせてあげようと、色んな働きかけをしてくれる。

しかし、どんな慰めの言葉も、働きかけも、当人の心が癒されてこそ意味がある。

言い換えれば、どんな立派な諭しを聞かされても、当人が「なるほど!」と心に治まらなければ救かりにはならない。苦しみを乗り越える力は、諭す力ではなく、悟れる力である。そして、どんな難も、喜びに悟れる力を身に付けた人の諭しには、力があるように思う。

妻の死という大きな節から得た答えです。救かりは自分自身の悟り（喜び）しかないと思ったのです。

与え

わたしたち人間には、神様から幸せに暮らせるようにと、さまざまな道具を与え頂いている。

そして、その道具の中には、使い易い物もあれば、使いにくい物もある。

折角、与え頂いた物なら、全部上手に使いたいものである。

使いにくい道具は、どうしても拒んでしまう（拒否）。

でも、必要に迫られて使っている（我慢）うちに、価値が分かり（肯定）、感謝できる（応答）ようになってくる。

そして最後には、この道具を使って、人様に喜んで貰いたい（自発）、と思えるようになるのではないだろうか。

使いにくい道具を、使いこなせてこそ成人である。

善意と誠意

困っている人に、手を差し伸べる行為は美しい。しかし、大概その行為の裏には、自分の生活に支障をきたさない、というのが条件であるように思う。

でもまれに自分の生活を顧みず、人のために動ける人が居る。

わたしは、自分の生活を守りながら人を助ける行為が「善意」で、自分のことを顧みず動ける行為が「誠意」なのだと思う。

「善意」自体、充分尊い行為であるが、人の心を動かす力は、我が身はどうなっても、という「誠意」ある行為ではないだろうか。

そんな誠意ある人を目指したい。

大人

ある人が「同じ世代なのに大人だなあと感じる人が居るのはなぜだろう」と問いかけてきた。

わたしは「大人とは大きい人と書く。物事を大きく捉えて、こだわらない人は大人に見えて、小さなことにこだわる人は、子ども（小さい人）に見えるのだと思う」と答えた。

大きな器には沢山のものが入るが、小さな器には少ししか入らない。人の心も同じで、大きな心の人は多くのことを許せ、小さな心の人は、些細なことが許せない。

年を重ねて体格は大人になっても、心は子どものままなんて寂しい限りである。

これも、ある学生から「なぜ、年が一緒なのに、しっかりしている人とそうでない人が居るんですか」という質問に答えたものです。

手紙

どんな短い手紙でも貰うとうれしいものである。しかも長い手紙ならなおのこと。

なぜなら、その手紙を書いている間、相手が自分のことを考えてくれていると思うからである。

そう考えると、神様はなぜ「祈り」が好きなのか分かるような気がする。

神様と人間の関係を親子と考えれば、「祈り」をしている間、子どもである人間が親である神様のことを考えていると思われてお喜びくださるのだと思う。
とにかく親である神様にお喜び頂くことは、我々子どもである人間の幸せに直結している。だからしっかり「祈ろう」。

これは知人が留学している息子から、一通の葉書が届いたことを大層喜んでいました。知人は「うれしく思うのは、この葉書を書いている間、息子が自分のことを考えてくれていると思うからだ」と話してくれたのを思い出して作りました。

欠ける

欠けるということは余りうれしくないことである。しかし案外わたしたちは、欠けて始めてその物の存在や価値に気付くことがある。

願わくは、与えられているうち、あるうちにその物の存在や価値に気付くことが望ましい。しかし、結果として欠けてしまったり、無（亡）くしてしまってから気付くことがある。そんなとき、欠けたこと、無（亡）くしたことで気付けたことを探してみよう。

きっと欠けた中、無（亡）くした中に、欠けなければ、無（亡）くさなければ気付けなかったことがあるはずである。そのことに気付けたら、欠けた瞬間、無（亡）くした瞬間は辛いだろうが、いつの日か、欠けたことや無（亡）くしたことを、有り難いと思える日がやってくるだろう。

これは妻を亡くして、喜び探しをしていたときに気付いたことです。妻の価値や存在の大きさに気付けば気付くほど、感謝の気持ちで一杯になりました。

反応

反応とは、何かの思いがあって働きかけた事柄に対する手応えのことである。

最近その手応えを余り感じなくなった。いや、手応えを直ぐに感じることが少なくなったように思う。

多分、世の中が豊かになって、困ったことが少なくなったからであろう。

しかし、人のために良かれと思ってしたことも、反応がないと不安になってくる。いくら心で感謝していても、その思いを文字や言葉で表現しなければ相手には伝わらない。反応は早い方が良い。それが喜びの反応ならなおのことである。

最近の若者たちと心のキャッチボールができません。ボールを投げても返してくれません。頼むと返してくれますが、自ら投げようとはしません。寂しい時代だと思いました。だから、わたしはしつこいようですが「返してくれ」と頼むのです。「私の投げたボールはどうだった」と聞くのです。より良い人間関係を築くために。

因縁

今世の姿は、前生の因縁の結果であり、今世の通り方が、来世を作り上げるということは、頭で分かっていても、何となく遠い世界の話のような気がする。

しかし、この時間の単位を一日として考えてみると、昨日までの自分の通り方の結果が、今日の自分の姿であり、今日の自分の通り方が、明日の自分を作り上げると考えられる。

さらに単位を短くすると、先ほどまでの自分の通り方が、今の瞬間の自分を作り、今の瞬間の自分の通り方が、次の瞬間の自分を作っていると考えられる。

そう考えると、今生きているこの瞬間が大切に思えてくる。今の瞬間を大切に生きて、より良い明日を、来世を作り上げる努力をしてみよう。

演じる

人は皆、神様の書かれた「しあわせ」というドラマに出演して、それぞれの役割を演じている。

場面は刻一刻と変わり、配役や役割も、その都度変わってくる。

良い役者は、自分の与えられた役を立派に演じきり、その結果、次のドラマではまた、新しい素敵な役を与えられ、その役を通して新たな喜びを見つけながら、楽しい人生を送ることになるだろう。

逆に悪い役者は、自分の与えられた役に不足ばかりいって十分に演じ切れず、次のドラマでもまた同じような役を与えられ、何度も同じことを繰り返しながら、つまらない人生を送ることになるだろう。

素敵な人生を送りたければ、今与えられている人や物を喜んで受け入れ、その役を精一杯演じながら、神様が書いて下さった一人ひとりの「しあわせ」というドラマを楽しむことだ。

不足

「不足」という言葉は、漢文訓読のための返り点をつけると、「足らず」となる。

何が足らずに「不足」になっていくのだろう。

その原因の一つは、自分の思いを達成するために、周りの人の心や物が足らないと思うからである。そして、もう一つは、相手の満足のために、自分の真実が足らなかったと思うからだと思う。

自分の満足のために相手に不足を感じるのではなく、相手を満足させられなかった自分に不足を感じてみよう。

そうすれば、その不足は、人へのお詫びになり、やがて穏やかな優しい心になれると思う。

道具

わたしたちは、自分でも気付かないほどのたくさんの道具を、神様から与え頂いている。

そして、それらの道具に多少の違いはあっても、皆、平等に与えられている。

例えば、切る道具としての鋏も、ほとんどの人が持っている。そして、その鋏には何万円もする物も有れば、何百円の物もある。確かに高価な鋏は魅力がある。しかし、その高価な鋏も使い方を間違えると、役に立つどころか、人を傷つけてしまうかもしれない。

大切なことは、高価な道具を持つことではなく、自分の徳に相応しい道具を、神様が与え下さっているのだから、その道具を上手に使うことだ。

道具を上手に使う方法は、その道具を使って人に喜んでもらうことである。


余談ですが、ハサミというものは片方の刃が丸ければ、切れないそうです。ということはこちらが丸い心でいれば人とのトラブルはなくなるのではないかと思ったのです。

成長

人間の身体は、年月を重ねて成長していく。子供のころ見ていた景色も、大人になって視点が変わると違った景色に見えてくるものだ。

人間の心も成長すれば、物事の感じ方が変わってくる。心が成長して豊かになれば、今まで不足に感じていたことも、喜びに感じられる世界があるのだと思う。

そして、心の世界は、身体の成長のように年月を重ねなくても、一瞬で成長できる。

心の成長の鍵は、自分に与えられている今の姿を喜ぶことである。喜ぶ努力をしてみよう。その努力がいつの日か、同じ景色を喜べる種になるはずである。

爪先立ちをしてみたら、景色が変わりました。背の高い人はいつもこんな景色を見ているのかと思うと羨ましくなりました。また、知識が身に付けば今まで気付かなかったことに気付くことがあります。きっと心も成長すれば今まで見えなかった世界が見えるのだと思いました。

ハーモニー

美しい歌声はいつ聞いても心安らぐ。ことに、合唱ともなると、音に厚みや深みが現れ、心打たれるものがある。

しかし、これも一人ひとりが、自分に与えられた音程とリズムをしっかり守り、周りとの調和を保ってこそ、美しいハーモニーがかもし出されるのである。

一人でも音程を外したり、リズムを狂わせたり、場違いな大声を出すような人が居たら、ハーモニーどころか雑音になってしまう。

わたしたちも、日々の生活の中で、関わる人々と、美しい心のハーモニーを作りたいものだ。そのためには、一人ひとりが自分に与えられた役割をしっかり果たし、周りとの調和に務めることだ。

みんなが仲良く暮らすということは、自分の思いを通すことではなく、相手の思いを気遣うことだと思います。

キャッチボール

受けるだけではキャッチボールとはいわない。投げられたボールを返してこそ、キャッチボールである。

ピッチャーやキャッチャーという役割を決めてやっているのはピッチング練習。

人間関係はピッチング練習のように一方通行では築けない。キャッチボールのように、お互いが相手の取りやすい球を投げたり、相手の投げた球を評価したり、自分の球を評価して貰ったりする中に、何ともいえない人間関係が芽生えてくるのだと思う。

自分の思いを投げたり、相手の思いを受けたりする心のキャッチボール。そこにより良い人間関係が築けるのだと思う。

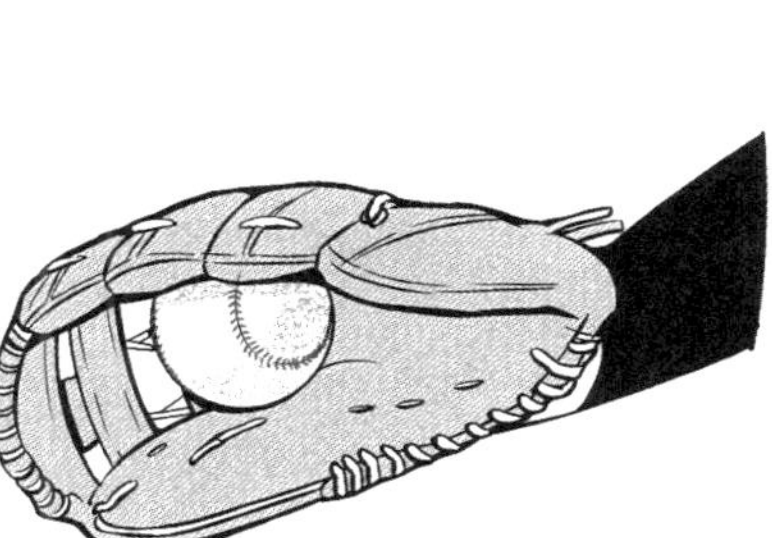

生きる

生きるとは、「生《なま》」と書きます。

「生」は放っておくと腐ってしまう。

この世の全ての生き物、植物も動物も人間も、生きているものは皆、放っておくと腐ってしまう。

「放っておく」の反対は、「構う」「動く」。

特に、人は皆寂しい生き物だから、構ってもらわないと心が腐ってしまう。人の心が腐ると厄介だ。

人の心を動かすことは困難だが、自分の心は自分の努力で動かせる。

そして、生きいきと生きていたければ、自分の心を人のために動かそう。人のために動かしていれば、自分の心は人が構ってくれる。

見る

哲学者ゲーテが
「人間は知識でしか、物を見ることができない」と言った。
言い換えれば、知識がなければ、見えていても見えていないに等しいということである。
例えば、目の前にボールペンがあっても、それがものを書く道具だという知識が無ければ使えない。ボールペンを見ても使えないということは見ていないに等しいということである。

わたしたちもひょっとしたら知識が乏しくて、喜びいっぱいの素晴らしい景色を見逃しているのかも知れない。

今からでも遅くない。頑張って知識を増やそう。知識を増やして今まで見えなかった素敵な景色を楽しんでみよう。

足

「足りる」とか「足りない」という言葉に「足」という漢字を使っているのはなぜだろう。

熟語でも、「満足」「不足」というように、満たされたり、満たされないときにも、この「足」という漢字を使っている。

体の一番下で、私たちの体を支えてくれているこの「足」。

喜びの心は低い心からということかもしれない。

心を低くすれば多く満たされていることに気付き、心を高くすればあれも無いこれも無いと不足を感じてしまう。

今一度、意識して心を低くしてみよう。満たされていることに気付き、喜びがいっぱいの世界に変わるかもしれない。

わたしは結構長い間、痛風という病気に悩まされました。この病気は読んで字のごとく、風が吹いても痛いという病気です。発症はいつも突然に足の親指あたりに激痛が走ります。そのときに考えた話です。そして、わたしの場合本当に心を低くすると治るのです。不思議です。

味付け

親はかわいい子どもに栄養のある物を食べさせたいといつも思っている。しかし、大根に栄養があるからといって、大根をそのまま食卓に出す親はいない。親は、大根の栄養分を与えるために、子どもの口に合うように味付けを工夫する。子どもは大根の栄養分は分からないけど、美味しければ食べてくれる。食べてくれたら、子どもの体に大根の栄養分が入っていく。親子の間で自然に行われているこの行為が、わたしたちの日常生活で活かせたら、どんなにか人間関係もスムーズにいくことだろう。

会話も相手に伝わってこそ会話である。相手に伝わるような味付けを工夫する努力が、円滑な人間関係を築いていくのだと思う。

人と上手くいかないとき、上手くいかない原因を相手のせいにしてしまっていることが多いように思います。自分の言動に問題はなかったのか。相手を不愉快にさせたのは自分の方ではなかったかという反省は必要だと思います。

結果

物事には早い遅いはあっても必ず結果がある。

結果を選ぶことはできないが、結果を喜ぶことはできる。

例えば、何かの壁にぶつかったとしよう。ぶつかった事実は変えられない。

しかし、その事実をどのように受け止めるかは、人それぞれの心で違う。

いつまでも、その事実を悔やんで、こんな事態になったいきさつばかり考えて悩んでいる人もいれば、その事実をしっかり受け止めて、その事実から気付けることを探し、こうして壁にぶつかったお陰で、こんなことに気付けたと喜ぶ生き方もある。

結果は変えられないのなら、いつまでも悔やんで生きるより、結果が生きるような生き方をするほうが、数倍早く幸せに近づけるように思う。

遠近感

目の前の物を、近づけると大きく見え、遠ざけると小さく見える。

自分の手を目の前に当てると、目の前の景色が見えなくなり、その手を目から離していくと、手は小さくなって周りの景色がよく見える。

もしかすると、悩んだり、苦しんでいるときの心の状態は、このときの手と同じように、悩みや苦しみに近付きすぎて周りの景色が見えなくなっているのかもしれない。

悩んだり、苦しい出来事から少し離れてみると案外、その悩みや苦しいことが小さく思え、自分の周りの素敵な景色に気付いて、悩みや苦しみから解放されるかもしれない。

逆説

一般に正しいことや間違い、良いことや悪いことは常識で判断すると、答えは一つ。

例えば正直は○で嘘は×。優しさは○で、厳しさは×である。

でも、人間関係の中では、必ずしもそうとはいえない場面がある。長い人生、優しさが人を駄目にしたり、厳しさが人を育てることもある。また、正直が人を傷つけ、嘘が人の心を和ませることもある。

見える世界には秩序を守るためのルールが必要である。しかし、見えない世界には、見える世界での失敗が心を豊かにしてくれることもある。

大切なことは、見える世界での失敗を恐れず、その失敗を生かせる心を養うことだ。

命の糸

人は皆、神様から等しく幸せになれる切符と、定命という命の糸を頂いている。

頂いたとき真っ直ぐだった糸が、いつの間にか縮んだり伸びたり、仕舞いには絡まってどうしようもなくなって、あきらめている人はいないだろうか。

なぜ、縮んだり伸びたり絡んだりするのだろう。それは、周りの環境や人を自分の都合に合わせ、自分の思いを通そうとするから絡むのである。挙げ句の果てには絡んだ糸を、短気を起こして引きちぎり、せっかく頂いた命を縮めてしまうことにもなりかねない。

短気を起こさず、自分の勝手で絡めた糸を根気よくほどこう。絡んだ糸をほどくコツは、現れた結果を喜ぶことだ。

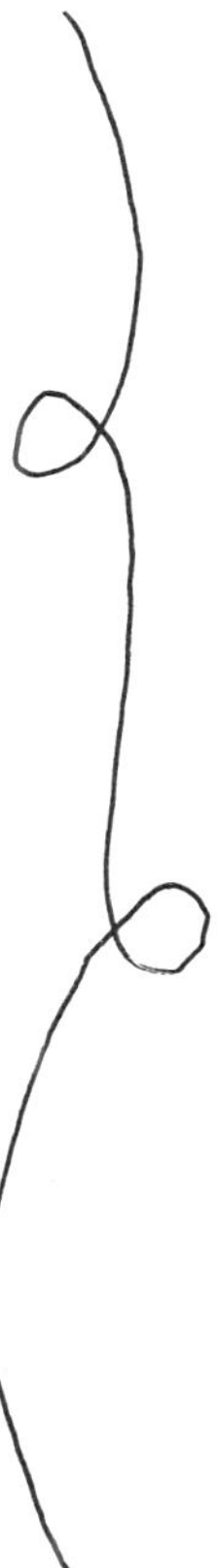

ゼロ

見た目の損得がすべて結果につながるとは限らない。

例えば、重い荷物を持たされている人がいるとする。見た目には荷物を持たされている人が損をして、荷物を持たせている人が得をしているように見える。

でも、荷物を持ってもらったことで力が付かず、荷物を持ってあげたことで筋肉が付くと考えると、損得は逆転する。

人間の目にマイナスと思うことも、その裏にプラスがあったり、逆にプラスに思えることの裏にマイナスがあったりする。

要は、いかにプラスを見つけることができるかだ。

神様から見たこの世界は、いつもプラスマイナスゼロなのだと思う。マイナスに思えるのは自分の心にプラスを見つける力がないからだ。

プラスを見つけることのできる心を養おう。

年齢

十代には十代の考え方、二十代には二十代、三十代には三十代に相応しい物の考え方があるものだ。

しかし、世の中には若くても、落ち着いた物の考え方のできる人がいたり、四十、五十代になっても子どものような考え方しかできない人がいる。

これは、人間には時間と共に取っていく実際年齢と、心の成長に伴って現れてくる、成人年齢があるからだと思う。

人を判断するとき、自分の常識から、その人の実際年齢で判断し、感心したり不愉快な思いをしたりしてはいないだろうか。

人と上手く付き合っていくには、その人の実際年齢と付き合うのでなく、成人年齢を見抜いて付き合うことだ。

写真

写真は不思議な力を持っている。幼いころに撮った家族写真、青春時代に撮った仲間とのスナップ写真。一枚いちまいにいろんな思い出が詰まっている。そして、見る度に時間を越えて、その世界に自分を運んでくれる。

心の中にも、感動という素敵な写真を残せないだろうか。

何気なく掛けられた一言に心和ませ、さりげない優しさに心打たれたあの日のことを思い出してみよう。

そんな時のことを思い続けていると、心の中にその時の感動がよみがえってくる。

こんな繰り返しが、心の中に素敵なアルバムを作り、きっと幸せな気分になれることだろう。

心に残る

美しい歌声がテレビから聞こえ、外国人講師が学生に笑顔で身ぶり手ぶり、時に歌詞を解説しながら教えていた。そしてすばらしい合唱が出来上がった。

合唱を終えた学生の一人が先生に「楽譜を渡してもらったら、もっと確実に早く覚えられたと思うのですが」と苦言を呈した。

講師は「目で見て覚えたものは記憶に残りますが心には残りません。わたしは皆さんにこの詩やメロディーを、文字や音譜でなく、心で感じ取って欲しかったのです」と説明された。

「なるほど」と感心した。確かに授業で習ったことは記憶に残っているが、心に残っていない。むしろ、先生が授業の合間に話してくれた自身の人生観や体験談が今でも心に残っている。

幸せの鍵を握る心の世界。心に残る会話が飛び交う人間関係を作りたいものだ。

絶対と相対

神は絶対の世界に在り、人間は相対の世界に在るという。絶対の世界に居ない人間は、何かと比較をしないと物事の理解ができない。

相対の世界とは、暖かさを知るためには冷たさを。明るさを知るためには暗さを。喜びを知るためには悲しみを。楽しさを知るためには苦しさを知っていることが条件である。

今苦しんでいる君、今悲しみの中にいるあなた。その苦しさや悲しみは、次の楽しみや喜びを知るための大切な条件だ。

先の喜びを楽しみに今の苦労を楽しもう。

心の味覚

舌に味覚があるように、心にも味覚があると思う。味覚に支障をきたすと、何を食べても味気ないように、心に支障をきたすと喜び薄い人生になってしまうのだと思う。物があふれ、親切な世の中に暮らしていると、いろんな人の真実も見えなくなってしまうのかもしれない。誤解のないようにしたいことは、充分の与えがあることが悪いのではなく、与えを当たり前と思うようになってしまう心が恐ろしいのである。

常に「こんなに幸せでいいのだろうか」という感謝の心を忘れないこと。
その感謝の心が喜び多い人生の鍵を握っている。

忙しい

「忙しい」とは、りっしんべん（心）に、亡くなると書く。

仕事に、生活に追われる毎日の忙しさの中で、いつしか大切な心を失くしてはいないだろうか。

心は、自分がどのように生きていくかを指示する、司令塔である。心を失くしては、自分の進むべき道が分からなくなってしまう。

忙しいことは、有り難いことだが、そんなときこそ、人としての心を失くさないようにしたいものである。

スポットライト

同じ環境の中で生活をしていても、ある人は幸せだと感じ、ある人は不幸だという。その違いはどこにあるのだろう。どんな中にも、きれいな物、汚い物がある。幸せ、不幸せの鍵は、このきれいな物、汚い物のどちらに心の目というスポットライトを当てるかというところにあるように思う。

汚い物を認めながら、きれいな物にスポットを当てる力を身に付けたら、確かな幸せを掴めるのではないだろうか。

分かるとできる

或る人が「分かるとできるは違う」と言った。分かっているけどできないことは沢山あるが、できているけど分かっていないことがあるというのだ。頭の中に？（ハテナマーク）が飛び交ったが、よく聞いてみると、自分がしていることを説明できないのは、自分のしていることを分かっていないのだという。

なるほど、そういえば小さな子どもに自分の言動に対して「どうして？」と聞かれて答えられないことが多々あることに気が付いた。「いつもしているから」とか「皆こうしているから」という返事。ちゃんと説明ができていないことがある。

考えよう。人の言動に「どうして？」と問いかける前に、自分の言動に責任を持とう。

覚悟

決断を迫られたとき、覚悟を決める。

覚悟を決めるとは、どういうことだろう。多分、ものごとの結果の最悪の場面を想像して、どんな結果が出ても構わないと悟ることだと思う。そして、その自分の悟ったことに最後まで責任を持つことである。自分自身を振り返ってみると、決断を迫られるような事態が起こったときに、結果が出るまでは、「どんな事態に成っても構わない」と思っていても、いざ、結果が出ると、「こんなはずじゃなかった」と思うのが常である。こんな姿は、覚悟を決めたとはいえない。覚悟とは「悟ったことを覚えておく」と書く。私のように、結果が出たときに「こんなはずじゃなかった」と思うのは、悟ったことを忘れた姿。

覚悟を決めるというのは、結果の如何に関わらず、その結果を受け入れることだと思う。一旦心に決めた覚悟は、貫き通したいものである。

気合い

「気合い」とは、ことに当たるとき精神を集中して力を込めることをいう。

試合のときなど、「気合いを入れて行け！」などという。

「気合い」とは気を合わせると書く。

どんな「気」を合わせることをいうのだろう。

「合わせる」というからには相手がいる。

本当に勝つためには、相手と息を合わせることではないだろうか。相手の呼吸を読むことではないだろうか。

自分のことばかり考えていると、負けてしまうように思う。気合いを入れるとは、勝つことばかりに意気込むことではなく、相手の心を読んで、相手に合わせ、相手の懐に入ってしまうことではないだろうか。

余計

余るということは、余裕があるということだが、その余りが、物事を進めていく上で、邪魔になっているとしたら問題である。

肝心なことと、余計なこと。ここにはどんな違いがあるのだろう。

余計な動きや言葉は、その場は良くても、後でつじつまが合わなかったりして、人間関係がギクシャクしてくる。

肝心な言葉、的を得た言葉は、その場はきつく聞こえても、後で結果が出ることが多いように思う。
余計な愛想やお世辞より、相手を思う真実の言葉が出るような生き方をしたい。

根性

根性のある人とは、どのような人のことをいうのだろう。ただ我慢強い人のことを指していっているのだろうか。

根とは、地下で栄養分を蓄えて、茎や幹を通し、地上の草花や、木々を地下から支えている。

言い換えれば、根はただひたすら地上の枝や葉っぱを育てるため、またきれいな花を咲かせるために、何の見返りも求めず生きている。これが、根の性分である。

ということは、根性のある人とは、自分のことは一切考えず、周りの人のために、ひたすら尽くすことのできる人のことをいうのかもしれない。

そう考えると、こうした根性のある生き方をしている人は、きっと周りの人から慕われ、大切にしてもらえるに違いないと思った。

やる気とできる

わたしたちはできない子どもに「やる気がないからだ」と決めつけてしまう。しかし、やる気がないからできないのではなく、できないからやる気が起こらないのである。やる気を起こさせるためには、できたことを褒めてやることだ。できたことを褒めてもらえば自信がつき、やる気が起こる。やる気が起こればできるようになる。

わたしたちはできる子どもを育てる方法を間違えていたのかもしれない。

不足、不満

不足や不満は、不足する相手や不満に思う出来事に原因を求めてしまうが、相手や出来事に原因があるのではない。

その相手や出来事に不足や不満を感じている自分の心に原因があるのである。

不足や不満に思うことがあったら、その人や出来事を恨むのでなく、その人や出来事を喜べない自分の心を切り替える努力をしてみよう。

その努力が自分の心に力を付けてくれることだろう。

思い

思いは重い。

わたしたちは、時折頭が重くなったり、気が重くなることがある。

どんなときに頭や気が重たくなるのだろう。

わたしは、自分に都合の良いことばかり思っていて、思うことが思うようにいかないとき、自分のことばかり思っているときに、頭が重くなったり、気分が重たくなるのではないかと思う。

逆に、相手のことを思っているときの自分の心は軽やかなように思う。

気分は、自分のことばかり考えていると重くなり、相手のことを思っていると軽くなるように思う。

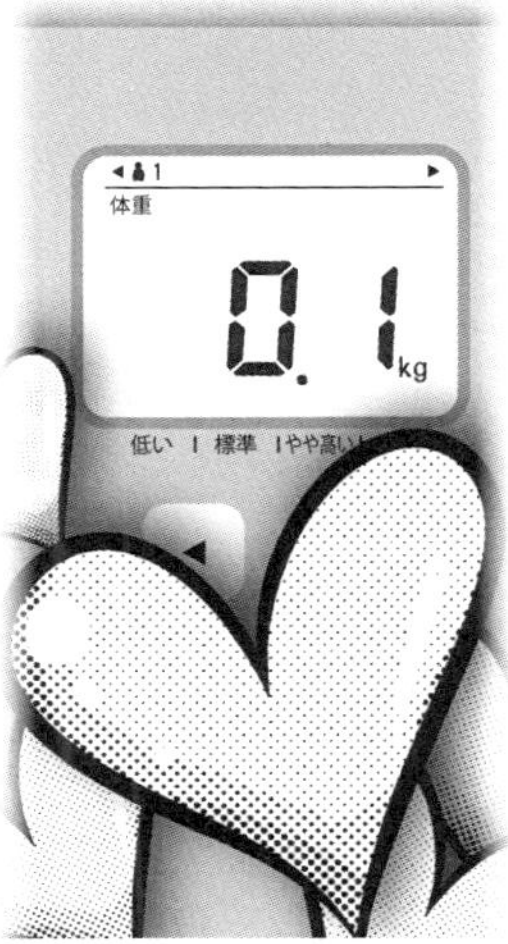

実行

「不言実行」余計なことを考えず、目的に向かって、ひたすら突き進む。こうした行動を「実行」するというのだろう。

「実」という字の旧字は、「實」と書く。「實」という字は、ウ冠に貫くと書く。頭に冠をかぶるということは、横を向いたり、下を向いたり、よそ見をすると冠は頭から落ちてしまう。

「実行」するとは、冠をかぶった姿から思案すると、真っ直ぐ前を向いて、脇目も振らずただひたすら目標に向かって、自分の意思と行動を貫き通すことではないだろうか。

男

男は勇ましくありたい。

勇ましいという字は、男に「マ」が付いてできている。

「マ」を「間」と考えると、男は「間」の持てる人のことをいうのではないだろうか。

「間」とは、ゆとりであり、余裕である。

日々の生活の中、どんな中も慌てず焦らずゆとりある男らしい生き方を目指したいものである。

影響

人は、自分の行動や考え方を尋ねられたとき、「誰々の影響です」とか、「誰々から影響を受けました」などと答えることが多い。このように人に与えたり、受けたりする影響とは、どんなものなのだろう。

影響とは、影で響くと書く。

自分が影響を受けた人のことを考えてみても、その人の行動や言動という見える物に感化されたのでなく、その人の考え方や生き方という見えない物に、感化されたように思う。

経験

人はそれぞれ自分の育った環境や、出会った人たちとの生活の中で、一人として同じ経験を持つ者はいない。

もちろん、人間の一生の中で、全てのことを経験することは不可能である。

経験は無いより有った方が良いように思うが、一概にどちらが良いとはいえないようにも思う。

それは、経験のあることは、先が読める安心感と、先が見える絶望感があり、未経験のことは、先が読めない不安感と、先が見えないゆえの希望があるからである。

わたしは、経験をしたからといって、その結果はいつも同じとは限らないのだから、できるだけ多くの経験を積み、その経験を活かしながら、どんな結果が出るのだろうと、その過程を楽しみにできるような生き方がしたい。

値打ち

千円を出して、ある品物を買ったが、後日、違う店で同じものを百円で売っているのを知った。悔しい限りである。

これは物だから分かる。この品物を誠意や真実に置き換えて考えてみたらどうだろう。千円の価値の誠意を見せても、相手が百円ほどの価値にしか受け取ってくれなかったら悔しい。でも、こんなことはよくあることである。

こんなとき、自分の誠意を受け取ってくれなかった相手を恨むのでなく、自分では千円の価値だと思っていたが相手が百円だというのだから百円の価値しかなかったのだろう。申し訳ないことをした。今度は相手に千円の価値と受け取ってもらえるように頑張ろう。

また、相手の誠意にいくらの値打ちをつけるかは自分の受け方次第である。

人に掛けた誠意は安く、人から受けた誠意は高く受け取れるような生き方が幸せの鍵である。

あとがき

わたしは今、年間百～百五十会場、北は北海道から南は沖縄と講演に回らせて頂いています。

講演のタイトルは依頼内容によって多少異なりますが、おおむね「幸せの鍵」と題して話をさせて頂いています。

人は、金銭的にも物質的にも恵まれ、何不自由なく暮らしている人を見ては「幸せそうだなあ」と感じ、金銭的にも物質的にも恵まれない人を見ては「気の毒になあ」と感じてしまうことがあります。でも幸せか気の毒かは、人が決めるわけではありません。人からどのように見えていようが、自分が幸せだと感じている人は皆幸せなのです。

人の見た目より自分の心で感じる幸せが本当の幸せではないでしょうか。まさに「幸せの鍵」は一人ひとり自分の心が握っているのです。

この自由に使える心で、日々現れる出来事をどのように捉えるかが幸せの鍵だと思うのです。

これまでに書いた本の内容は全てこの心の使い方を書いてきました。できるだけ誰にでも起こりうる悲しい出来事や苦しい出来事を通して、それらをどのように心で受け止めたら乗り越えられるのかのヒントになればとの思いからペンを執ってきました。
今回も、この本を手にしてくださった方々の幸せの一助になれば幸いです。

平成三十年四月十八日

増田正義

著者略歴

ますだまさよし
（増田正義）

昭和27年1月鹿児島県生まれ。
昭和31年以降、奈良県天理にて育つ。
昭和51年より平成19年まで、天理教教会本部に勤務する（少年会本部、天理教校専修科、教化育成部三日講習課）。
現在：天理教典日分教会　三代会長
住所：〒632-0017　奈良県天理市田部町554
著書：「こころ」「まこと」「納得の日めくり」
「ことば」「さとり」「ほっ」（以上、善本社刊）

あかり
心に灯《あか》りを灯《とも》そう

平成三十年四月十八日　初版発行

著　者　ますだまさよし
発行者　手塚容子
印刷所　善本社製作部

〒一〇一－〇〇五一　東京都千代田区神田神保町
二－十四－一〇三
発行所　株式会社　善本社
TEL　〇三－五二一三－四八三七
FAX　〇三－五二一三－四八三八

ISBN978-4-7939-0478-3　C0214